ESQUISSE

BIOGRAPHIQUE ET POPULAIRE

DE

JACQUES LAFFITTE

PAR

UN DE SES AMIS.

PARIS,

VICTOR BOUTON, ÉDITEUR,

26, RUE ST-ANDRE-DES-ARTS.

30 MAI 1844.

Typ. Lacrampe et Comp., rue Damiette, 2.

JACQUES LAFFITTE.

Jacques Laffitte naquit à Bayonne le 24 octobre 1767. Son père était maître charpentier. Dépourvu de fortune, le jeune Laffitte n'avait pas à choisir entre un grand nombre de carrières ; il suivit celle du commerce. Bayonne à cette époque était en quelque sorte un comptoir entre la Fance et l'Espagne, et les jeunes gens qui avaient fait leur apprentissage dans cette ville, entraient avec avantage dans les premières maisons de Paris. Le jeune Laffitte à vingt ans, voulut aussi parvenir, et partir pour Paris. Sa mère pleurait ; la veille de son départ, il se leva au milieu de la nuit et trouva la pauvre femme à genoux et en larmes ; il sauta à son cou, lui parla d'avenir, de M. de la Borde, par exemple, et d'autres qui avaient réussi : Je veux faire comme eux, dit-il, et partit. A Paris il entra en qualité de commis dans la maison de banque de M. Perregaux. Son activité, son intelligence et sa bonne conduite le firent bientôt remarquer de son patron : en peu de temps il devint teneur de livres, puis caissier, et enfin intéressé dans la maison.

Ce fut peut-être le moment le plus heureux de sa vie. Un jour, plus tard, à l'apogé de sa grandeur, quand un ami lui vanta sa fortune, son âme naïve et pure se reporta vers ces jours de calme, et il répondit spontanément : «Jamais je ne me suis cru riche qu'une fois ; c'est le jour où mes appointements furent portés à 3,000 fr.; depuis je n'ai plus su ce que c'était que la richesse. » Mot charmant qui révèle à lui seul tout ce qu'il y avait de simple dans ce vertueux citoyen.

Jacques Laffitte avait dix frères : le premier usage qu'il fit de sa fortune naissante, fut de les appeler tous auprès de lui.

Au commencement de l'Empire, le banquier Perregaux, nommé membre du Sénat, donna à son jeune commis le titre d'associé, et lui confia la direction de toutes ses affaires commerciales. En mourant, il le désigna pour son successeur et son exécuteur testamentaire. Bientôt la maison Jacques Laffitte prit un immense développement, et fut l'une des premières de Paris.

En 1809, son directeur déjà propriétaire d'une fortune colossale, était nommé régent de la Banque et président de la chambre de commerce.

Sur la fin de l'empire, en 1814, Laffitte fut appelé au gouvernement de la Banque de France : 100,000 francs de traitement étaient attachés à cette fonction. Nos revers avaint obéré la Banque : Laffitte accepta la place et refusa le traitement.

Aux jours de la double invasion, le banquier calme et courageux fut partout, sa fortune à la main, pour apaiser nos insatiables ennemis : Blucher occupe l'Hôtel de ville, menace de détruire nos monuments si on ne lui paye à l'instant une contribution de guerre de 300,000 francs. Il n'y avait plus d'argent dans le trésor; les principaux banquiers sont convoqués pour aviser aux moyens de subvenir à la contribution par un emprunt; une liste de souscription est même ouverte parmi les autorités présentes, mais on est loin encore de la somme exigée. On délibérait ainsi dans l'embarras, quand Jacques Laffitte arrive, déchire la liste des souscriptions, signe un bon de 300,000 francs qu'il verse seul de ses deniers.

Pendant le Cent-jours, député par le commerce à la Chambre des représentants. Il y siégea parmi la minorité qui voulait faire un dernier effort pour sauver la France de la honte de l'invasion, en appelant aux armes, au nom de Napoléon et de la constitution.

Louis XVIII, à la première Restauration, avait confié à J. Laffite le soin de sa fortune; et lorsqu'elle prit pour la seconde fois le chemin de l'exil, Laffitte remit à la famile du fugitif une somme qui s'élevait à près de six millions. — Napoléon, fugitif à son tour, lui confia également les débris de sa fortune, et lorsque Laffitte voulut lui remettre un récépissé de cinq millions déposés entre ses mains, l'Empereur refusa, confiant en la parole et en la probité du citoyen.

De la même époque datent les premières relations de Laffitte avec le duc d'Orléans, aujourd'hui roi des Français. Le duc, obligé de partir à l'improviste, se trouvait sans ressources. Vainement il avait présenté des effets à plusieurs maisons de commerce; la créance étant chanceuse, personne n'en voulait. Dans son embarras, le duc d'Orléans s'adresse à Laffitte, et celui-ci, sans vouloir retenir d'escompte, de suite accepte les effets.

Avant de chasser nos soldats de l'autre côté de la Loire, il fallait leur donner du pain, et la caisse du trésor était vide. Le gouvernement royal se voyait réduit à l'alternative de laisser fondre sur Paris les plus grands malheurs, ou de frapper la Banque d'un emprunt forcé; l'embarras était grand et pressait. J. Laffitte, en sa qualité de gouverneur de la Banque, refusa de consentir à une mesure qui aurait compromis les intérêts dont il était chargé; c'est dans sa propre caisse qu'il prend deux millions pour les verser dans les mains du ministre du trésor, et le danger est éloigné. Grâce à ce désintéressement, la Banque de France ne perdit rien de son crédit : au milieu des désastres causés par l'invasion, ses billets étaient préférés à l'argent même.

L'empereur Alexandre témoigna à Laffitte l'estime qu'il avait pour lui, en faisant placer un poste de sûreté à sa porte, et en lui envoyant la décoration de Saint-Wladimir.

Désigné, en 1816, pour faire partie de la commission consultative chargée de présenter un système général de finances, Laffitte y combattit énergiquement le système des emprunts forcés, des cédules hypothécaires, qui n'était qu'une banqueroute déguisée.

La Chambre fut dissoute, et le plan proposé par Laffitte fut adopté. Il vota ensuite avec l'opposition contre toutes les mesures oppressives décrétées par la Chambre introuvable; et lors de la discussion sur la fameuse loi des finances, il monta pour la première fois à la tribune où il développa ses idées sur le crédit public avec une hauteur de vues et une lucidité de raisonnement qui entraînèrent tous les suffrages. Déjà ses comptes-rendus. comme gouverneur de la Banque, avaient révélé ses vastes connaissances en matière de finances.

Aux élections de 1817, dans les vingt sections du collége électoral de Paris, un seul nom, celui de Laffitte, sortit au premier tour de scrutin. Toujours on le vit repousser avec énergie les lois d'exception; il défendit éloquemment la liberté de la presse, la liberté individuelle et la sincérité des élections; il se prononça contre le double vote et la guerre d'Espagne; mais, en même temps, il soutint contre ses amis politiques la réduction des rentes et la création du 3 pour 100.

Après la brusque dissolution de la Garde Nationale de Paris par le ministère Villèle, Laffitte monta à la tribune, et proposa courageusement, au milieu des cris de la droite, la mise en accusation des ministres. Quelques jours plus tard, aux obsèques de Manuel, au moment où une coalition entre les jeunes gens et la police était imminente, Laffitte conjura l'orage qui allait éclater, et réussit à préserver de toutes profanations le cercueil de son ami.

Déjà le duc d'Orléans avait entrevu l'abîme où se précipitait la Restauration, et se tenait prudemment à l'écart, entouré d'un cercle d'intimes. Laffitte avait subi l'influence des affabilités du prince. Son dévouement pour lui était sans bornes.

Tout le monde sait la part que Laffitte prit à la Révolution de Juillet, et celle non moins grande qu'il prit à l'établissement du 9 août. Il fut l'un des premiers députés, résidant à Paris, qui signèrent la protestation contre les ordonnances. Le 28, accompagné de MM. Mauguin, C. Périer, Gérard et Lobau, il se rend au Carrousel, en traversant la fusillade, et adjure Marmont, au nom de la patrie et de l'humanité, de faire cesser le feu. « L'honneur militaire est dans l'obéissance, répond le maréchal. — L'homme civil, s'écrie Laffitte, consiste à ne point égorger les citoyens pour attenter à la Constitution. »

Dès ce moment, l'hôtel Laffite devient le quartier-général de l'insurrection. Le duc d'Orléans, retiré à Neuilly, hésite à accepter le trône, que son ami lui a fait offrir secrètement. Laffitte s'impatiente, et lui écrit le 28 de choisir *entre une couronne et un passeport*.

Laffitte, avec quelques autres députés, avait

pris la direction du mouvement, mais le mouvement menaçait de les entraîner; et le duc d'Orléans, renfermé dans la mystérieuse retraite du
Raincy, demeurait toujours immobile. Enfin, le
30, Laffitte fait publier, dans tons les journaux,
une proclamation en faveur de duc d'Orléans,
réunit quarante-quatre députés au Palais-Bourbon,
et là, sous sa présidence, on proclame le prince
lieutenant-général du royaume. Cr fut seulement
le soir que le duc crut pouvoir entrer dans Paris.

Le lendemain, Laffitte, à la tête de quatre-vingt-
neuf députés, se rend au Palais-Royal, et lit au
duc d'Orléans une adresse rédigée par M. Guizot;
comme il boitait un peu par suite d'une blessure
qu'il s'était faite en franchissant une barrière :
« Vous êtes blessé, Monsieur Laffitte ? » lui dit le
duc. — « Monseigneur, » répond le député, « ne
regardez pas à mes pieds, mais à mes mains qui
vous apportent une couronne. »

Cependant un rassemblement nombreux occu-
pait l'Hôtel-de-Ville; on parlait vaguement de ré-
publique. Laffitte voit le danger : il entraîne le
prince à l'Hôtel-de-Ville; Lafayette donne l'accolade au duc d'Orléans, et la foule charmée applau-
dit.....

Le 7 août, à la tête de la Chambre, il vint offrir
la couronne au duc. L'accolade de l'Hôtel-de-Ville
fut renouvelée sur le balcon du Palais-Royal, et la
royauté de juillet fut définitivement intrônisée.

Laffitte fit partie du premier ministère qui suivit

la Révolution de 1830. Ce ministère, au bout de trois mois, était en pleine dissolution.

Le 3 novembre, un nouveau fut constitué. Déjà fatigué du pouvoir, Laffitte fit beaucoup de difficultés pour en accepter la présidence ; mais le roi avait besoin d'un nom populaire pour traverser les orages du procès des ministres ; il insista, et Laffitte, qui ne pouvait rien refuser à son ami, finit par céder.

Le procès des ministres terminé, le nouveau président du conseil ne tarda pas à s'apercevoir que sa tâche était remplie. Il déplaisait également aux *hommes du mouvement* et aux *hommes de la résistance*, et les deux partis étaient exigeants.

A la fin de février 1831, Laffitte, dégoûté, donna sa démission. Le soin de ses affaires personnelles le réclamait d'ailleurs tout entier ; depuis la Révolution de juillet, et surtout depuis son entrée au ministère, sa maison de banque se trouvait dans l'état le plus déplorable. Rentré dans la vie civile, Laffitte consacra tous ses soins à la liquidation de ses affaires ; il paya cinquante millions avec le produit de la vente de ses biens, et pour acquitter le surplus, il mit son hôtel aux enchères. La France ne permit pas que le berceau de la Révolution passât en des mains étrangères.

Après l'avènement du ministre Périer, Laffitte se présenta comme candidat à la présidence de la Chambre ; il échoua.

C'est dans cette circonstance que commencèrent à se remuer ces jalousies et ces haines qui plus tard devaient aller jusqu'à l'insulte, et qui au jour de sa mort se montrent dans leur bêtise et leur stupidité. Un député, F. D. inscrivit sur son vote Jacques *Lafaillite*, espérant jeter dans l'opinion publique une sourde défiance. Mais Casimir Périer releva ce manque d'égards, et rendant témoignage à la probité de J. Laffitte, déclara que si ses affaires avaient été en souffrance, c'était dans des moments de crise et pour sauver le commerce d e Paris, que ces affaires avaient été contractées. Laffitte siégea depuis ce temps sur les bancs de l'opposition : plus tard il signa le *compte-rendu*, et au 5 et 6 juin, il fit partie de la députation, chargée de présenter au roi les griefs de la minorité.

Laffitte s'est trompé en politique. Lui-même l'a reconnu lorsqu'en pleine tribune il est venu demander solennellement pardon à Dieu et aux hommes, de la part qu'il avait prise à la Révolution de juillet. Mais il a été la première victime de ses erreurs ; l'histoire ne se souviendra que de ses bienfaits, et la liste en est longue.

S'il est difficile de juger Jacques Laffitte comme un homme politique, si l'histoire impartiale et vraie n'a pas encore fait la part de ses erreurs, de ses fautes et des injustices auxquelles il a pu être en butte ; si les partis ont cherché en lui un chef, et lui auraient voulu un caractère, une aptitude, à réaliser les espérances révolutionnaires qui nous animent, du moins il n'est personne qui n'avoue que cet honnête homme fut dupe de ceux qui nous gouvernent.

Il avait à un haut degré les vertus de l'homme privé; loyal, sincère, dévoué, affectueux pour tous; se berçant dans les joies tranquilles et les douceurs de la famille, grand dans ses affections, dans ses sentiments et ses idées, il y avait aussi en lui un délicieux mélange de simplicité et de bonhomie. Autant dans le commerce de sa vie intérieure il était facile et paisible, autant aussi comme banquier il s'élevait aux plus hautes exigences des relations commerciales, inflexible et sévère pour tout ce qui lui paraissait commandé par l'intérêt public et son devoir de citoyen. Sa causerie était spirituelle et variée, son intimité animée par beaucoup de grâce et de goût; naturellement artiste, il causait naturellement de peinture. et le théâtre était sa passion favorite : il se plaisait à confier au grand poëte Béranger sa critique théâtrale, et il y avait dans ses appréciations une finesse et un goût délicat et juste.

On a prétendu. on a même été convaincu que les discours qu'il prononçait n'étaient pas de lui, qu'on les lui brodait, et que le fond seul lui appartenait. C'est faux. Il faisait faire les recherches, il faisait faire même les calculs qu'il aurait pu faire, mais qui lui auraient fait perdre son temps, et c'est justement lui qui méditait ses documents et brodait ses phrases.

Ses manières étaient pleines de charme et d'élégance ; sa maison fut presque toujours ouverte à tout l'éclat du luxe, et néanmoins la passion du jeu ne l'entraîna jamais. Dans ses jours d'élévation, comme dans ses derniers temps, il aimait à faire sa partie avec ses intimes, et quelquefois le modeste enjeu était de dix centimes. Ce mélange de simplicité populaire et de grandeur n'était pas étonnant, car jamais il ne se fit honneur de sa fortune que pour l'usage auquel il l'employait, et jamais les jouissances de la richesse n'ont changé sa naïve et bonne nature.

On a dit et répété qu'il ouvrait sa bourse par vanité, et qu'il le faisait pour attirer des gloires autour de sa popularité. Rien n'est plus dénué de vérité. Il arrangeait les affaires de ceux qui lui paraissaient honnêtes et dont le malheur n'était pas causé par l'improbité ; jamais il n'en a dit les noms ni le nombre. L'anecdote de M. Ch. Nodier n'est qu'imparfaitement connue. On lui en parla quelquefois, et jamais il n'y voulut répondre : si Nodier ne l'avait dit lui-même, personne n'en eut jamais rien su.

Deux hommes, plus particulièrement liés d'amitié avec lui, Béranger et Manuel, lui indiquaient bien des infortunes, et le modeste Béranger put toujours, et jusqu'à la fin, sans s'en servir jamais pour lui, puiser dans la caisse du banquier pour adoucir le sort des malheureux qui s'adressaient à lui.

Nul ne lui contestera un grand sentiment de la liberté et de la nationalité, et on a tort peut-être d'avoir demandé à son esprit financier, tempéré par l'esprit poétique, plus que la conception d'un ordre immédiat, c'est-à-dire de n'avoir pas saisi fortement les circonstances pour pousser la nation dans la voie indiquée aujourd'hui par la partie militante de la Démocratie.

On n'a pas oublié le discours qu'il prononça en quittant le fauteuil de la présidence, que son âge l'avait appelé à occuper pendant quelques instants, et où il ne devait plus remonter. Nous croyons devoir rapporter ici ce discours, sorte de testament politique où l'homme laisse entrevoir sa dernière et plus profonde pensée.

« Je suis touché des sentiments que vous me témoignez, et je vous en remercie.

« Votre patriotisme, votre intelligence et votre courage me sont connus depuis longtemps; et peut-être n'avez-vous pas oublié que, malgré les clameurs du parti qui domine aujourd'hui, j'ai su rendre à vos services et à votre dévouement d'une autre époque une éclatante et solennelle justice.

« La Révolution de Juillet avait alors la parole. Elle l'a perdue depuis, par l'ingratitude des uns, par l'incurie des autres, et vous savez comment on écoute ceux qui sont restés fidèles à ses promesses et à ses engagements. J'ai rappelé à la Chambre sa responsabilité en face des périls qui nous mena-

cent, de la corruption qui nous avilit. La Chambr
n'a pas voulu me comprendre.

« Quant à moi, Messieurs, *je suis plus près de la
tombe qu'aucun de vous dé son berceau;* mais, jusqu'à
la fin, je ferai mon devoir; et mon cœur, je vous
le jure, ne cessera jamais de battre pour la liberté
et l'honneur de la France. »

Quelques jours plus tard, Laffitte répondait aux
élèves des écoles qui étaient allés le féliciter sur
les courageuse paroles qu'il avait fait entendre à
la Chambre.

« Messieurs, dit M. Laffitte, appelé pour la seconde fois à l'honneur de vous présider, je n'abu-
serai point du privilége de mon âge et de mes
fonctions. Les souvenirs douloureux que je re-
trouve à cette place me conduiraient peut-être à
vous parler de mes appréhensions pour l'avenir,
et je ne veux en ce moment que vous remercier de
la bienveillance dont vous venez de me donner un
nouveau témoignage. Mais, en présence d'une situation qui ne me paraît pas sans danger, ma cons-
cience m'ordonne de vous dire ce que la France
attend de vous.

« Dans le cours de votre session, en dehors du
programme officiel de vos travaux, des occasions
s'offriront sans doute d'examiner si nos dernières
illusions et notre fortune iront s'engloutir dans le
gouffre ouvert à nos portes; si la lutte engagée dans
quelques localités, entre le gouvernement et les
pouvoirs électifs, ne contient pas en germe une lutte

plus grave entre deux principes que, depuis quatorze ans, nous nous efforçons de concilier; si le calme artificiel créé à la surface du pays suffit à notre dignité et à notre sécurité; si le désordre et l'anarchie ne sont pas au fond de notre situation, et si la loyauté et la droiture dans l'administration des affaires publiques ne sont pas préférables aux ressources de la vénalité.

« Je ne pousserai pas plus loin mes investigations; mais, songez-y bien, les factions meurent, les ministères passent, les systèmes s'épuisent, et nous, Messieurs, nous restons responsables des obstacles que le pays rencontre dans le développement des conditions de puissance, de prospérité qu'il devait attendre de la Révolution de juillet. »

Laffitte a tenu parole; il a fait son devoir jusqu'au bout. Il y a quelques jours, il suppliait son médecin de le laisser aller à la Chambre pour voter contre la loi sur les prisons, dont les barbares dispositions avaient révolté sa raison et son humanité.

J. Laffitte est mort le 26 mai, à 7 heures du soir; il n'avait été malade que dix jours. Quelques heures avant la crise qui l'emporta, on gardait encore l'espoir de le conserver. Il a joui jusqu'au dernier moment de la plénitude de ses facultés intellectuelles; il a eu la consolation d'embrasser encore une fois les personnes de sa famille qu'il chérissait le plus.

FIN.